BEI GRIN MACHT SICH IHR WISSEN BEZAHLT

Außenhandelspolitik und Arbeitsmarktökonomik. Grundlagen der Volkswirtschaftslehre

GRIN

Bibliografische Information der Deutschen Nationalbibliothek:

Die Deutsche Nationalbibliothek verzeichnet diese Publikation in der Deutschen Nationalbibliografie; detaillierte bibliografische Daten sind im Internet über http://dnb.d-nb.de abrufbar.

ISBN: 9783346362117
Dieses Buch ist auch als E-Book erhältlich.

Druck und Bindung: Books on Demand GmbH, Norderstedt Germany
Gedruckt auf säurefreiem Papier aus verantwortungsvollen Quellen

Das vorliegende Werk wurde sorgfältig erarbeitet. Dennoch übernehmen Autoren und Verlag für die Richtigkeit von Angaben, Hinweisen, Links und Ratschlägen sowie eventuelle Druckfehler keine Haftung.

Das Buch bei GRIN: https://www.grin.com/document/993472

Sonderprüfung

Allgemeine Volkswirtschaftslehre – Aufgabenstellung B

Modul: Allgemeine Volkswirtschaftslehre BALVWL

Studiengang: Bachelor of Arts (B.A.) in Betriebswirtschaft

Inhaltsverzeichnis

Abkürzungsverzeichnis

BIP   -   Bruttoinlandprodukt

bspw. -   beispielsweise

ca.   -   circa

d.h.   -   das heisst

EWR -   Europäischer Wirtschaftsraum

FR   -   Frankreich

sog.   -   sogenannt

SWE -   Schweden

Vgl.   -   Vergleiche

Abbildungsverzeichnis

Tabellenverzeichnis

1 Ökonomische Gründe für und gegen einen freien Aussenhandel

1.1 Aussenhandel

Zum Aussenhandel gehören alle betriebswirtschaftlichen Tätigkeiten, bei welchen der Güterverkehr aufgrund von wirtschaftlichen Beziehungen zum Ausland die Staatsgrenze überschreitet. Unter dem Begriff des Aussenhandels werden Exporte, Importe und Transithandel von Gütern, Dienstleistungen und Kapital sowie deren Abwicklung verstanden. Das Gegenteil des Aussenhandels ist der Binnenhandel.[1]

In einem weiteren Schritt kann der Aussenhandel in direkt und indirekt unterteilt werden. Der entscheidende Faktor für die Abgrenzung ist die Frage, ob ein inländischer Zwischenhändler eingeschaltet wird, oder ob der Handel direkt, d.h. ohne Zwischenhändler, stattfindet. Der direkte Aussenhandel setzt dabei eine gradlinige, geschäftliche Beziehung zwischen dem inländischen und dem ausländischen Händler voraus.[2]

Die nachfolgende Grafik soll die Struktur des Handels nochmals verdeutlichen.

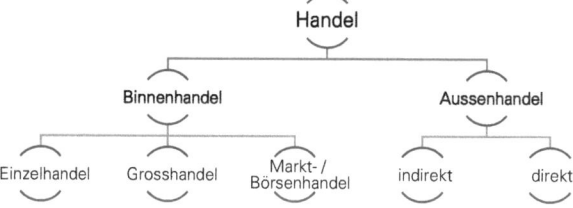

Abbildung 1: Struktur des Handels [3]

Wie eingangs erwähnt, ist der Binnenmarkt das Gegenteil des Aussenhandels. Aus wirtschaftlicher Sicht ist der Binnenmarkt ein einzelner in sich geschlossener Handelsraum. Die vier Grundeigenschaften, welche den Binnenmarkt ausmachen, werden unter *1.2.1 Das Binnenmarktprogramm* genauer erläutert. Sind die Rahmenbedingungen der jeweiligen Handelsnationen sehr ähnlich, verlieren die Handelsbeziehungen den Aussenhandelscharakter und nähern sich einander an, was zu einer Binnenhandel-Struktur führt.

Binnenhandel		Binnenhandel (EWR)		Aussenhandel	
Abgangsort:	Empfangsort:	Abgangsort:	Empfangsort:	Abgangsort:	Empfangsort:
Zürich	Bern	Berlin	Paris	München	Los Angeles

Tabelle 1: Beispiele der Handelsformen [4]

---

[1] Vgl. Wirtschaftslexikon (2016)
[2] Vgl. Altmann (2001)
[3] Eigene Darstellung
[4] Eigene Darstellung

Die oben gezeigte Tabelle soll die verschiedenen Varianten veranschaulichen. Werden beispielsweise Maschinen von Zürich nach Bern verkauft, handelt es sich um den klassischen Binnenhandel. Handelt es sich beim Abgangsort um Berlin und die Waren werden nach Paris verkauft, findet ein Binnenhandel innerhalb des Europäischen Wirtschaftsraums (EWR) statt. Treffen die Maschinen in Los Angeles ein und wurden von München verkauft, handelt es sich um Aussenhandel. In diesem Fall wird die Maschine aus Deutschland exportiert und in den USA wieder importiert.

1.2 Freihandel versus Protektionismus

Man unterscheidet zwei Formen des Aussenhandels: Den Protektionismus und den Freihandel. Seit mehr als 150 Jahren sind die Vorteile, welche die internationale Arbeitsteilung für die Länder bringt, bekannt. Aufgrund der staatlichen und politischen Schutzmassnahmen der jeweiligen Länder konnte sich jedoch die Freihandelsidee nicht zügiger und geradliniger durchsetzen. Gleichzeitig gilt der komparative Kostenvorteil auch nicht als allgemeingültiger Freipass für Handelsliberalisierungen. Trotz der offensichtlichen Vorteile birgt der Freihandel auch diverse Nachteile. Dank dem zunehmenden internationalen Handel und der dazugehörigen Arbeitsteilung steigen die Transport- und Transaktionen rasant an. Zusätzlich kommen verstärkt Umweltthemen zutage. Heutzutage wird die Globalisierung der Wirtschaft subventioniert, weil beispielsweise der Verkehr die dazugehörigen externen Kosten nur teilweise zu tragen hat. Die aufkommende internationale Arbeitsteilung fördert auch die Abhängigkeit vom Ausland, wie beispielsweise während der COVID19-Krise ersichtlich wurde. Aber auch für produzierende Länder bergen die erwähnten Abhängigkeiten weitere Gefahren, wenn beispielsweise die Spezialisierung überwiegt und eine Nation nur noch ein Produkt herstellt.[5]

Bei vielen Entwicklungsländern ist eine Abhängigkeit in Bezug auf die Nachfrage- und Preisentwicklung ihres hergestellten Produktes festzustellen. Die sogenannten «terms of trade», zu Deutsch «Geschäftsbeziehungen», haben sich verschlechtert. Dies hat zur Folge, dass die Produzenten mehr von ihren hergestellten Produkten exportieren müssen, um die gleiche Menge an Importen tätigen zu können. Gesamthaft hat das Weltsozialprodukt zugenommen, jedoch haben nicht alle Parteien gleichermassen davon profitiert.[6]

Eine starke Veränderung bewirkt die Globalisierung der Wirtschaft, welche einen Zusammenschluss von Volkswirtschaften mit unterschiedlichen Voraussetzungen mit

[5] Vgl. Eisenhut (2016), S. 233
[6] Vgl. Eisenhut (2016), S. 233

sich bringt. Fertigprodukte und Rohstoffgüter aus dem Ausland können zu einem, im Vergleich zum inländischen Unternehmen, niedrigeren Preis angeboten werden, weil die Herstellkosten tiefer liegen. Eine logische Folge aus der Liberalisierung im Aussenhandel ist demzufolge, dass inländische Hersteller bei einzelnen Produktgruppen und in gewissen Branchen vom Markt verdrängt werden, da diese nicht mehr marktfähig sind. Andere Anbieter haben dafür die Möglichkeit, die angebotenen Leistungen vermehrt ins Ausland exportieren zu können. Bis die jeweiligen Prozesse und Umstrukturierungen jedoch durchgeführt werden können, kann eine länger andauernde Arbeitslosigkeit eintreten. Wie einzelne Branchen zeigen, gibt es jedoch auch immer Ausnahmen, wie beispielsweise der Luxusartikelhersteller *Richemont*.[7]

In der nachfolgenden Tabelle werden die wichtigsten Argumente für die protektionistische Praktiken und die jeweiligen Gegenargumente gegenübergestellt:

Argument	Gegenargument
Es ist wichtig, dass eine Branche in der Aufbauphase geschützt wird, bis diese überlebens- und wettbewerbsfähig ist.	Aufgrund mangelnder internationaler Konkurrenz werden die geschützten Branchen die angestrebten Kostenvorteile nie erlangen, sich jedoch an die staatlichen Hilfsmittel gewöhnen.
Es ist wichtig, sich gegenüber Niedriglohnländern abzugrenzen und sich gegen die viel tieferen Arbeitskosten zu schützen.	Unternehmungen in Industrieländern, welche die höheren Löhne und Produktionskosten nicht ausgleichen können, haben im internationalen Kampf ohnehin keine Überlebenschance.
Schutz gegenüber wirtschaftlichen Krisen, in welchen hohe Arbeitslosigkeit herrscht, ist notwendig. Arbeitsplätze müssen erhalten und gesichert werden.	Bestehende Strukturen müssen aufgebrochen werden, da Flexibilität und Anpassungsfähigkeit gefördert werden. Benachteiligte Staaten werden ansonsten zu einem «Gegenschlag» ausholen.
Um auch Krisenzeiten standhalten zu können, müssen gewisse Branchen vor der Auslandskonkurrenz geschützt werden.	Der Schutz vor Konkurrenz verursacht hohe Kosten. Mithilfe regionaler Diversifizierung können die Risiken minimiert werden.

Tabelle 2: Argumente & Gegenargumente protektionistischer Praktiken[8]

Man sollte sich bewusst sein, dass sobald eine Umverteilung der Einkommen stattfindet, diese zugunsten der abgesicherten Produzenten und zu Lasten der Verbraucher geht. Wie einige Nationen zeigen, kann Protektionismus mit einigen wenigen Instrumenten reguliert werden; beispielsweise mithilfe von Zöllen und mengenmässigen Einfuhrbeschränkungen, Steuern auf Importe, Subventionen für Exporte oder «freiwillige» Selbstbeschränkungsmassnahmen. Damit der Staat eine liberale Aussenhandelspolitik erreichen kann, können entweder multilaterale Abkommen getroffen werden, wie sie im Rahmen der «World Trade Organisation» vorgenommen wurden, oder einen gemeinsamen Wirtschaftsraum bilden, wie zum Beispiel der «EWR – Europäischer Wirtschaftsraum».[9]

---

[7] Vgl. Eisenhut (2016), S. 233
[8] Vgl. Eisenhut (2016), S. 234
[9] Vgl. Eisenhut (2016), S. 233

1.3 Die Arbeitsteilung, der absolute und komparative Vorteil

Beim «komparativen Vorteil» als auch beim «absoluten Vorteil» geht es um die Arbeitsteilung rund um die Spezialisierung. Ökonomen verwenden den Ausdruck «absoluter Vorteil», sobald sie die Produktivität einer Person, eines Betriebes oder eines Landes mit einer anderen vergleichen. Beim «absoluten» Kostenvorteil ist der Grundgedanke, herauszufinden, wo ein besagtes Produkt kostengünstiger hergestellt werden kann als in einem anderen Land.[10]

Einige Nationen haben absolute Kostenvorteile und können jede Gütermenge mit tieferen Herstellkosten produzieren. Mithilfe der Arbeitsteilung kann in einem Privathaushalt oder in einem Unternehmen die Wertschöpfung gesteigert werden, kombiniert man dies mit der internationalen Arbeitsteilung, führt dies zu einem höheren Wohlstandsniveau.[11] Mithilfe des nachfolgenden Beispiels wird auf die Vor- und Nachteile des absoluten Vorteils eingegangen. Schweden und Frankreich brauchen für die Produktion von 100 Einheiten Tuch und 100 Einheiten Wein folgenden Zeitaufwand:

Handel	100 Tücher	100 Weine	Total
Frankreich «FR»	160 h	400 h	560 h
Schweden «SWE»	130 h	600 h	730 h
Individuell			1'290 h

Tabelle 3: «Normaler» Handel [12]

Nun konsumieren die beiden Länder jeweils zusammen 80 Tuch und 35 Wein:

Binnenhandel	80 Tücher	35 Weine	Total
Frankreich «FR»	128 h	140 h	268 h
Schweden «SWE»	104 h	210 h	314 h
Individuell			582 h

Tabelle 4: Binnenhandel [12]

Aussenhandel	160 Tücher	70 Weine	Total
Frankreich «FR»	Keine Produktion	280 Stunden	280 h
Schweden «SWE»	208 h	Keine Produktion	208 h
Individuell			488 Stunden

Tabelle 5: Aussenhandel [12]

Betrachtet man die Tabellen 4 und 5, wird erkennbar, dass die beiden Länder «FR» und «SWE» bei der Herstellung von jeweils 80 Einheiten Tuch und 35 Einheiten Wein bei gemeinsamer Zusammenarbeit 94 Arbeitsstunden sparen können. Die eingesparten 94 Stunden können für andere Wirtschaftszweige fruchtbar genutzt werden. Vergleicht man die einzelnen Einheiten mit den vorherigen Werten, stellt man fest, dass

---

[10] Vgl. Kottmann D. - eEducation Net e.K. (2020)
[11] Vgl. Eisenhut (2016), S. 230
[12] In Anlehnung an Mankiw/Taylor (2016), S. 591

die Nationen die Produktionsmenge verändern müssen. Frankreich muss nun gesamthaft neu 12 Arbeitsstunden mehr leisten. Betrachtet man den Mehraufwand von Schweden können 106 Arbeitsstunden eingespart werden. Wie das oben gezeigt Beispiel zeigt, profitieren beide Nationen dank Spezialisierungen.

Neben dem «absoluten Vorteil» gibt es noch eine weitere Möglichkeit, die Produktionskosten zu bewerten. Anstatt die erforderlichen Aspekte zu vergleichen, werden die Opportunitätskosten miteinander abgeglichen.[13] Werden bei zwei Herstellern die Opportunitätskosten verglichen, verwenden Ökonomen häufig den Begriff des «komparativen Vorteils». Der Hersteller mit den niedrigeren Opportunitätskosten hat jeweils bei der Herstellung eines spezifischen Gutes den «komparativen Vorteil».[14]

1.4 Fazit

In der nachfolgenden Tabelle werden die Vor- und Nachteile des Aussenhandels in alphabetischer Reihenfolge aufgelistet.

Vorteile	Nachteile
Erhöhung der Gütermenge	Abhängigkeit von anderen Staaten
Effizienz durch Spezialisierung	Ausbeutung von Entwicklungsländern
Geringere Kosten durch Skalenerträge	Knowhow-Verlust
Innovation & Wissensfluss	Komplexität
Steigende Produktvielfalt	Konkurrenz
Zeitunabhängigkeit	Krisenanfälligkeit
Zusätzliche Arbeitsplätze	Rückgang der Umwelt- und Sozialstandards

Tabelle 6: Vor- und Nachteile des Aussenhandels [15]

Wie die gezeigten Argumente, Beispiele und Vor- sowie Nachteile zeigen, ist der Aussenhandel zwischen den Nationen unabdingbar. Dieses Fazit unterstützt auch eine der gesamthaft zehn volkswirtschaftlichen Regeln, welche besagt, dass es jedem durch Handel besser gehen kann.[16] In der Realität kann nicht auf den Aussenhandel verzichtet werden, wobei es dabei auch Verlierer geben kann, welche nicht vollumfänglich vom Markt entschädigt werden. Bei diesem Fazit wurde jedoch keine Aussage gemacht, wie die politischen Auswirkungen zu beurteilen sind.

---

[13] Vgl. Mankiw/Taylor (2016), S. 594
[14] Vgl. Mankiw/Taylor (2016), S. 595
[15] In Anlehnung an Mankiw/Taylor (2016), S. 597
[16] Vgl. Mankiw/Taylor (2016), S. 7

2 Marktwirtschaft

Wie bei allen Märkten geht es auch bei der Marktwirtschaft um «Angebot und Nachfrage». Die Marktwirtschaft bezeichnet die unterschiedlichen Wirtschaftsformen, welche zur Anwendung kamen und auch immer noch kommen. Es kann dabei zwischen einer «freien Marktwirtschaft» (individuelle Freiheit), einer «sozialen Marktwirtschaft», dem «Föderalismus», dem «Kommunismus» und der «Planwirtschaft» (zentrale Staatsverwaltung) unterschieden werden. Daneben existieren noch weitere Formen der Marktwirtschaft als rein theoretische Modelle, welche nicht näher erläutert werden.[17]

Nachfolgend werden in einem ersten Schritt die Charakteristika einer freien Marktwirtschaft im Sinne der Klassik erläutert. Danach wird auf die Charakteristika der Zentralverwaltungswirtschaft eingegangen, worauf abschliessend die ökonomischen Gründe für das «nicht durchsetzen» der Zentralverwaltungswirtschaften beleuchtet werden.

2.1 Freie Marktwirtschaft im Sinne der Klassik

Die freie Marktwirtschaft im Sinne der Klassik bildet die individuelle Freiheit ab. Sie gilt als Gegenpart zur Planwirtschaft. Der Markt gibt vor, welche Produkte zu welchen Preisen veräussert werden können und in welcher Menge die Produkte nachgefragt werden. Ebenfalls legt der Markt fest, welche Löhne und Saläre als markttauglich gelten und bestimmt die Zinssätze.[18]

Nachfolgend werden einige nicht abschliessende Merkmale der freien Marktwirtschaft zusammengefasst:[19]
- Keine Staatseingriffe in das Wirtschaftsgeschehen
- Produktions- und Unternehmerfreiheit
- Freiheit für die Konsumenten
- Privateigentum an Unternehmen und Produktionsmitteln
- Freie Berufswahl
- Uneingeschränkter Aussenhandel
- Vertragsfreiheit

Zusammenfassend kann festgestellt werden, dass die freie Marktwirtschaft auf der individuellen Freiheit und den Ideen des Liberalismus aufbaut. Es finden fast keine Staatseingriffe in das Wirtschaftsgeschehen und keine Enteignungen statt. Die

[17] Vgl. Eisenhut (2016), S. 54
[18] Vgl. Schenk / Schanz / Koch (2018), S. 22
[19] Vgl. Schenk / Schanz / Koch (2018), S. 22

Rahmenbedingungen für einen freien Handel, die freie Preis- und Mengenfestlegung sowie die freie Berufs- und Arbeitsplatzwahl sind gegeben. Die Unternehmen werden von privater Hand geführt und sind selbst für sich verantwortlich.

2.1.1 Marktversagen

Der Marktmechanismus kann in bestimmten Fällen unvollkommen sein. Unerwünschte Nebeneffekte für die Gesellschaft können auftreten, weshalb man diese Fälle als Marktversagen bezeichnet. Nachfolgend werden einige Beispiele von Marktversagen erwähnt und erläutert:[20]

- **Marktversagen bei Wettbewerbsbeschränkungen:** Kein Anbieter soll den Preis eines Gutes beeinflussen können. Monopole sollen verhindert werden.
- **Marktversagen bei öffentlichen Gütern:** Funktioniert bei einem Gut sowohl das Ausschlussprinzip als auch die Rivalität im Konsum nicht, spricht man von öffentlichen oder Kollektivgütern. Die einzelnen Nachfrager können sich bei öffentlichen Gütern wie Nutzniesser verhalten.
- **Marktversagen bei externen Effekten:** Verursacht die Produktion oder der Konsum externe Kosten, versagt der Markt. Solche Güter werden in zu grossen Mengen hergestellt oder konsumiert, weil in die Kalkulation und Nutzenoptimierung niedrige Kosten eingehen.
- **Marktversagen bei asymmetrischen Informationen:** Hat ein Tauschpartner die Möglichkeit und den Anreiz, Kosten auf den Tauschpartner zu überwälzen, liegt ein moralisches Risiko vor. In allen Fällen, bei denen die eine Vertragspartei mehr weiss als die andere, findet eine falsche Auslese unter den Marktteilnehmern statt und erzeugt ineffiziente Ergebnisse.

2.1.2 Aufgaben des Staats

Da nicht immer von den Vorteilen der Marktwirtschaft profitiert werden kann, hat der Staat einige Aufgaben, um die Grundvoraussetzungen zu schaffen. Einige dieser Rahmenbedingungen können wie folgt zusammengefasst werden[21]:
- Garantieren von Eigentum- und Vertragsrechten
- Sicherstellen von Wettbewerb (Zölle, Regulierungen)
- Verhindern von Marktversagen
- Gewährleisten einer gerechten Einkommens- und Vermögensverteilung
- Fördern der wirtschaftlichen Stabilität (Rechtssystem, Infrastruktur)

---

[20] Vgl. Eisenhut (2016), S.56
[21] Vgl. Eisenhut (2016), S. 60

2.2 Zentralverwaltungswirtschaft

Die Wirtschaftsordnung «Zentralverwaltungswirtschaft» wird oft auch als Planwirtschaft, Zentralplanwirtschaft oder Kommandowirtschaft bezeichnet. Die Zentralverwaltungswirtschaft kann als Gegenpart der freien Marktwirtschaft eingeordnet werden.[22] Bei der Zentralverwaltungswirtschaft ist die Bevölkerung, welche prinzipiell durch die Staats- oder Parteiführung «vertreten» wird, der Kollektiveigentümer der Produktionsfaktoren. Die Planwirtschaft für Güter und Dienstleistungen wird mittels einer ein- bis fünfjährigen Planung koordiniert.[23]

Vergleicht man den Planungsintervall der Planwirtschaft mit einer einzelnen Planung eines Unternehmens, kann festgestellt werden, dass diese in etwa deckungsgleich sind. Das Angebot wird durch eine Kommission ermittelt. Anhand einer Bedarfsanalyse wird der jeweilige Bedarf mithilfe eines Produktionsplanes auf die einzelnen Unternehmen umgelegt. Die Nachfrage wird mit marktähnlichen Strukturen geregelt. Die Preise werden vom Staat festgelegt und sind völlig unabhängig vom Zusammenspiel zwischen Angebot und Nachfrage.[24]

Nachfolgend werden einige nicht abschliessende Merkmale der Zentralverwaltungswirtschaft zusammengefasst: [18]

- Eine zentrale Behörde steuert alle ökonomischen Handlungen und Prozesse
- Die Wirtschaftsführung wird zentral geplant, die Zielsetzung erfolgt durch die staatlichen (ebenso parteilichen) Gewerkschaften
- Es handelt sich fast ausschliesslich um Staatseigentum
- Als Produktionsziel wird die Erfüllung eines bestimmten Plans verfolgt
- Die Preise werden durch den Staat definiert, ebenso wie die Löhne
- Das Güterangebot ist vorgegeben (nach Plan)
- Über den Handel bzw. den Export entscheidet der Staat

Zusammenfassend kann festgestellt werden, dass bei der Zentralverwaltungswirtschaft kein Marktprinzip von Angebot und Nachfrage vorherrscht. Die Aufgabe des Marktes wird hierbei vom Staat übernommen. Dies bedeutet, dass die Unternehmen keine selbstständigen Entscheidungen mehr treffen können. Der Staat gibt ihnen Art und Umfang ihrer Produktion vor. Anhand hierarchischer Strukturen ist das Verhältnis zwischen dem Staat, den Unternehmen und den Personenhaushalten festgelegt.

Letztlich kann festgehalten werden, dass sich die Zentralverwaltungswirtschaft nicht

---

[22] Vgl. Behncke (2017)
[23] Vgl. Behncke (2017)
[24] Vgl. Bergmann/Gaubitz (2020)

durchsetzen konnte, da die Vorteile der anderen erwähnten Wirtschaftsformen die Nachteile der Planwirtschaft überwiegen. Trotzdem wird die Zentralverwaltungswirtschaft von einigen Ländern noch immer angewendet, beispielsweise in Nordkorea oder Kuba. Auf die Vor- und Nachteile der Planwirtschaft wird im nachfolgenden *Kapitel 2.3.4* vertiefter eingegangen. Wird eine Marktwirtschaft mit einer Zentralplanwirtschaft mit gleicher Komplexität verglichen, stellt man fest, dass in der Zentralverwaltungswirtschaft insgesamt viel weniger geplant wird, als in der Marktwirtschaft, da der Staat für alle eine mehrjährige Planung erstellt, während in der Marktwirtschaft jedes einzelne Unternehmen eine eigene Planung erstellen muss.[25]

2.2.1 Verschiedene Beispiele

Im Osten von Europa war die **Zentralverwaltungswirtschaft** relativ lange verbreitet, seit der Auflösung des Kommunismus haben jedoch nur noch wenige Länder die «Planwirtschaft» als Wirtschaftsordnung. In anderen Teilen der Welt wird die Planwirtschaft beispielsweise noch in Kuba, Nordkorea und teilweise in der Volksrepublik China betrieben. Als das geschichtliche Beispiel kann die DDR erwähnt werden, dort wurde eine Planwirtschaft nach sowjetischem Vorbild angewendet.

Betrachtet man die jeweiligen Länder orts- und zeitunabhängig, so waren die Regierungshandlungen jeweils sehr ähnlich, fast schon identisch. Private Unternehmen wurden enteignet und in den, von der Regierung erstellten Wirtschaftsplan, eingebunden. Die Landesregierungen verfolgen jeweils die Ziele, die jeweiligen Bedürfnisse der eigenen Bevölkerung abzudecken und die vorhandenen Ressourcen effizient zu nutzen. Wie bereits im *Kapitel 2.2* erwähnt, wurde oftmals eine ein- bis fünfjährige Planung erstellt. Beobachtet man die wirtschaftliche Lage in den Ländern, in welchen die Planwirtschaft noch immer vorherrscht, stellt man fest, dass diese mit diversen Schwierigkeiten kämpfen. Einige dieser Probleme werden in den beiden nachfolgenden Kapitel genannt.

2.2.2 Vor- und Nachteile der Planwirtschaft

Die nachfolgende Tabelle zeigt die Vor- und Nachteile der Planwirtschaft auf.[26]

Vorteile	Nachteile
Keine Konjunkturschwankungen	Die Produktion entspricht nicht der Nachfrage
«Bessere» Vorhersage von Ergebnissen	Planungsfehler führen zu Versorgungslücken
«Fehlentwicklungen» werden minimiert	Geringe Produktivität

[25] Vgl. Woeckner (2013), S. 15
[26] Vgl. Behncke (2017)

Allgemeine Volkswirtschaftslehre 21.12.2020

«Zielgerichtete» Wachstumspolitik	Verschwendung
Keine «offene» Arbeitslosigkeit	Keine freie Wahl von Beruf und Arbeitsplatz
Gerechte Ressourcen-Verteilung	Kein Privateigentum an Produktionsmitteln
Zugängliche Sozialeinrichtungen	Kaum Leistungsanreize

Tabelle 7: Vor- und Nachteile der Zentralverwaltungswirtschaft [27]

Die aufgeführten Vorteile haben viele positive Aspekte, so können zentrale Vorteile besonders bei den sozialen Komponenten gefunden werden. Die abgebildeten Nachteile führen jedoch zu sechs Problemfeldern, die letztlich zum Scheitern dieses Wirtschaftssystems in der Realität geführt haben. Diese werden im nächsten Unterkapitel erläutert.

2.2.3 Realität der Zentralverwaltungswirtschaft

Abschliessend werden die ökonomischen Gründe für das Scheitern der Zentralverwaltungswirtschaften beleuchtet. Diese ökonomischen Gründe können in sechs Punkt gegliedert werden:[28]

- **Mangel an Flexibilität:** Der grösste Kritikpunkt ist in der Flexibilität zu finden. Unternehmen haben fast keine Entscheidungsfähigkeit und die Arbeitenden können nur wenig Einfluss auf Innovationen nehmen. Als Konsequenz führt dies zu einem geringeren Lebensstandard innerhalb der Volkswirtschaft.

- **Mangel an Informationen:** Die Planung kann Fehler beinhalten, da niemals alle notwendigen Informationen der nächsten Jahre vorhanden sein können. Fehleinschätzungen können somit grossen Schaden anrichten und die Reaktionszeit, um die Fehler auszumerzen, ist langwierig.

- **Mangel an Steuerungssignalen:** Wie bereits erläutert, gibt es in der Planwirtschaft keine Marktpreise, welche sich an dem Angebot und der Nachfrage orientiert. Bedürfnisse können somit nur schwer erkannt werden.

- **Mangel an technologischem Fortschritt:** Aufgrund der zentralen Planung, herrscht kein Wettbewerb zwischen Unternehmen und Branchen. Dies führt zu Problemen bei der Forschung und Entwicklung, da nur wenige Anreize zur Verbesserung vorhanden sind. Dies wirkt sich negativ auf die Innovationstätigkeit aus.

- **Mangel an Demokratie:** Damit der Staat die zentrale Planungsaufgabe übernehmen kann, sind gewisse Rahmenbedingungen notwendig. Wie diverse Beispiele zeigen, ist die Planwirtschaft jeweils eng an das politische System gebunden und wird oft in den politischen Rahmenbedingungen eingesetzt und eingebunden.

- **Mangel an Selbstbestimmung:** In der Planwirtschaft haben die Wirtschaftssubjekte praktisch keine Wahlmöglichkeit. Mit der Zentralverwaltungswirtschaft wird gegen jeglichen Liberalismus angekämpft.

---

[27] In Anlehnung an Behncke (2017)
[28] Vgl. Behncke (2017)

3 Arbeitsmarkt

Wie in verschiedenen Gesetzen festgehalten ist, besteht das Recht, einen Beruf bzw. einen Ausbildungsplatz freiwählen zu können. Dabei steht der Mensch im Mittelpunkt, der aus einer Vielzahl von Berufen auswählen kann. Mit zunehmender regionaler Wirtschaftsstruktur und Arbeitsmarktsituation ist dies jedoch schwierig geworden.

3.1 Übersicht über den Arbeitsmarkt

Unter dem Begriff Arbeitsmarkt treffen Arbeitsnachfrage und Arbeitsangebot zusammen. Die Menschheit bietet ihre Arbeitskraft auf dem Arbeitsmarkt an und bestimmt daher das Arbeitsangebot. Die Nachfrageseite wird von Betrieben und dem Staat gebildet, welche Arbeitskräfte fordern. Am Arbeitsmarkt wird also das Gut «Arbeitskraft» gehandelt und durch den Preis bzw. «den Lohn», welcher sich durch Angebot und Nachfrage bildet, entschädigt. Der Arbeitsmarkt ist vergleichbar mit anderen Märkten, weisst jedoch die nachfolgenden Unterschiede auf:[29]

- Der Arbeitsmarkt ist heterogen, weil jede Arbeitskraft ein Individuum darstellt.
- Da der Arbeitsmarkt (oft) die einzige Einnahmequelle ist, gilt er als überlebenswichtig.
- Abmachungen zwischen den beiden Parteien beruhen auf vertraglichen Standards und werden durch Gesetze und Verbände reguliert.
- Es besteht eine enge Beziehung zwischen dem Arbeitsmarkt und dem Gütermarkt. Die Nachfrage nach Fachkräften wird von der Nachfrage nach Waren und Dienstleistungen abgeleitet.

3.2 Das klassische Modell des Arbeitsmarktes

Wie die nachfolgende Abbildung zeigt, wird der Verlauf der Angebotskurve durch die steigenden Löhne beeinflusst, weil dadurch die Opportunitätskosten der Freizeit steigen. Somit kann mehr Arbeitsleistung angeboten werden. Hingegen sinkt die Arbeitsnachfrage bei steigenden Salären, weil die Löhne höher werden als der Beitrag zur betrieblichen Wertschöpfung, sodass die Unternehmen ihre Arbeitsnachfrage reduzieren. Gemäss dem Ertragsgesetz sinkt der Grenzertrag, weil der Lohnsatz den Grenzertrag der Arbeit mit zunehmendem Einsatz eines Produktionsfaktors senkt.[30] Wie der untenstehenden Abbildung zu entnehmen ist, fragt ein Unternehmen alle Fachkräfte nach, deren Wertschöpfung die Salär-Kosten übersteigen (Mitarbeiter

[29] Vgl. Eisenhut (2016), S. 185
[30] Vgl. Eisenhut (2016), S. 185

bildet einen Mehrwert). Bei tiefen Lohnkosten ist die Anzahl Beschäftigter somit grösser. Wie der Punkt «A1» anzeigt, sind die angebotene und nachgefragte Menge Arbeitsstunden ausgeglichen. Besteht beim Punkt «A1» Arbeitslosigkeit, liegt eine freiwillige Arbeitslosigkeit vor. Das gesamte Arbeitsangebot der gesamten Population mit erwerbsfähigem Jahrgang wird im Punkt «A» abgebildet. Hierbei ist zu beachten, dass einige Personen arbeiten möchten, jedoch nur zu einem höheren Lohn. Die zwischen den Punkten «A1 und A» abgebildeten Arbeitslosen sind dies freiwillig, weil der Lohn im Gleichgewicht zu niedrig ist, um die arbeitsfreie Zeit gegen eine Anstellung einzutauschen. Aufgrund verschiedener wirtschaftlicher Faktoren (z.B. einer Rezession) kann es vorkommen, dass die Betriebe die Nachfrage nach Fachkräften senken. Diese Reduktion trägt eine Verschiebung der Nachfragekurve nach links mit sich (gestrichelte Linie). Mit der Verschiebung der Nachfragekurve sinkt das Lohnniveau von Punkt «L1» auf «L2» und stellt ein neues Gleichgewicht beim Punkt «A2» ein. Die Arbeitskräfte bei den Punkten «A1 bis A2» sind nicht bereit, zum angebotenen Lohn zu arbeiten, sodass die freiwillige Arbeitslosigkeit auf die Punkte «A2 bis A» ansteigt. Bleiben die Löhne jedoch unverändert und bewegen sich nicht vom Punkt «L1» weg, sinkt die Anzahl der nachgefragten Fachkräfte auf den Punkt «A3». Die unfreiwillige Arbeitslosigkeit ist neu in den Punkten «A2 bis A3» zu erkennen.[31]

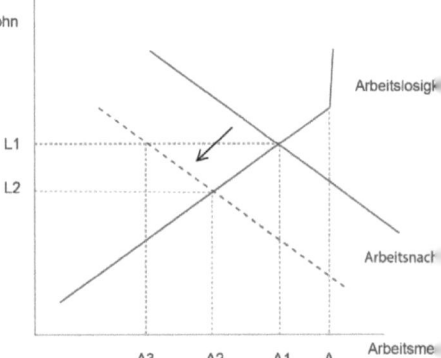

Abbildung 2: Klassisches Modell des Arbeitsmarktes [32]

3.2.1 Typen von Arbeitslosigkeit

Die *Abbildung 2* hat die Entstehung der Arbeitslosigkeit illustriert. Nachfolgend werden nun die verschiedenen Typen und Ursachen der Arbeitslosigkeit kurz vorgestellt:[33]

(1) **Friktionelle Arbeitslosigkeit**: Die friktionelle Arbeitslosigkeit ist kurzfristig, eher unproblematisch und auf jahreszeitliche Nachfrageschwankungen zurückzuführen. Bekannt ist dies beispielsweise im Baugewerbe, Tourismus oder in der Landwirtschaft.

(2) **Konjunkturelle Arbeitslosigkeit**: Wie es der Name bereits andeutet, entsteht diese Art der Arbeitslosigkeit aufgrund eines konjunkturbedingten Rückgangs der gesamtwirtschaftlichen Nachfrage und ist problematischer. Der Konjunkturzyklus ist zwar auch nur temporär, nimmt jedoch oft ein grösseres zeitliches Ausmass an.

---

[31] Vgl. Eisenhut (2016), S. 185
[32] In Anlehnung an Eisenhut (2016), S. 185
[33] Vgl. Eisenhut (2016), S. 187

(3) Strukturelle Arbeitslosigkeit: Der Auslöser dieser Art von Arbeitslosigkeit ist ein Strukturwandel innerhalb der Wirtschaft. Die strukturelle Arbeitslosigkeit wird aufgrund von Nachfrageveränderungen der Arbeitgeberseite verursacht. Ursachen können Produktionsänderungen oder neue Arbeitstechniken sein. Die Arbeitnehmerseite muss sich den Marktbedingungen entsprechend anpassen, weil von einem längerfristigen Charakter ausgegangen werden kann. Oft tritt die strukturelle Arbeitslosigkeit bei einem Konjunktureinbruch zutage, weil eine «gute» Konjunktur einen positiven Einfluss hat. Sie kann somit nicht losgelöst vom Konjunkturzyklus betrachtet werden.

(4) Sockelarbeitslosigkeit: Die Sockelarbeitslosigkeit widerspiegelt den «Restbestand» der Arbeitslosen, welche der konjunkturelle Einbruch zurücklässt. Dieser Restbestand bleibt in konjunkturneutralen Phasen bestehen, was als natürliche Arbeitslosigkeit bezeichnet werden kann. Die friktionelle und die strukturelle Arbeitslosigkeit sind somit in der Sockelarbeitslosigkeit enthalten.

Ursachen für die Zunahme der Sockelarbeitslosigkeit können die Regulatorien des Arbeitsmarkts sein. Eingriffe in Märkte sind oftmals mit Gefahren verbunden und können vielmals das Gegenteil bewirken. Beispielsweise kann die Einführung von Mindestlöhnen, welche das Ziel der Einkommenserhöhung vorsieht, kontraproduktiv wirken, weil die Betriebe nicht bereit sind, höhere Löhne zu bezahlen. Ein weiterer Punkt kann der rasante Strukturwandel sein. Verändert sich die Struktur der Wirtschaft schneller als angenommen, desto grösser ist der Anstieg der Sockelarbeitslosigkeit. Werden aufgrund technologischer Entwicklung Arbeitsplätze verringert, verlieren mehr Menschen ihre Stelle und haben Probleme bei der Suche nach einer neuen Beschäftigung.[34]

3.2.2 Die Bekämpfung der Arbeitslosigkeit

Beim Arbeitsmarkt handelt es sich um einen abgeleiteten Markt, weshalb ein starker Zusammenhang mit der Nachfrage an Gütern besteht. Um die Arbeitslosigkeit zu bekämpfen, muss somit auch die die Nachfrage an Gütern angekurbelt werden. Dies hat zur Folge, dass die Nachfrage an Arbeitskräften gesteigert wird.[35]

Ansatzpunkte auf dem Gütermarkt	Ansatzpunkte auf dem Arbeitsmarkt
Stärkung der Wettbewerbskraft: Verbesserung der Rahmenbedingungen	**Flexibilität des Arbeitsmarktes**: Kündigungsschutz, Arbeitszeit-Regelungen, Teuerungsausgleich
Standortattraktivität: politische / monetäre Stabilität, ungehinderter Marktzutritt, ausgebaute Infrastruktur, niedrige Steuern	**Bildungspolitik**: Weiterbildungsanstrengungen, «lebenslanges Lernen»

---

[34] Vgl. Eisenhut (2016), S. 189
[35] Vgl. Mankiw/Taylor (2016), S.729

Steigerung Innovation & Produktivität: Innovationen, Flexibilität, Spezialisierung, regionale Produkte	Arbeitszeitverkürzungen: Umverteilung der Arbeit, damit «alle» eine Arbeit haben
Beschäftigungsprogramme: Staatliche Ausgabenerhöhungen, Steuererleichterungen	Ausländerpolitik: Zuwanderer bzw. Substitute für vorhandene Arbeitskräfte, Dumpinglöhne

Tabelle 8: Ansatzpunkte Bekämpfung der Arbeitslosigkeit (Güter- und Arbeitsmarkt)[36]

Wie die *Tabelle 8* zeigt, kann zusammenfassend gesagt werden, dass sich die Bekämpfung der Arbeitslosigkeit direkt auf den Arbeitsmarkt (Arbeitszeit, Bildung, Ausländerpolitik) oder indirekt auf den Gütermarkt (Wettbewerbsfähigkeit, Standortattraktivität, Innovationskraft/Produktivität, Beschäftigungsprogramme) auswirkt. Trotz all den erwähnten Massnahmen gibt es kein allgemein gültiges Rezept zur Bekämpfung der Arbeitslosigkeit.[37] Während der Massenarbeitslosigkeit in den 1930er-Jahre stiegen die Zweifel an der klassischen Theorie, welche die Selbstheilung bzw. die Selbstregulierung der Marktwirtschaft besagt. Ihr gegenüber stellten sich fortan unterschiedliche weitere Theorien, von welchen eine im nachfolgenden Kapitel dargestellt wird.

3.3 Das keynesianische Modell des Arbeitsmarktes

Auch von J.M. Keynes wurde die klassische Theorie hinterfragt und er wollte aufzeigen, dass unter bestimmten Bedingungen ein Gleichgewicht auf den Gütermärkten mit Arbeitslosigkeit bestehen kann. Gleichzeitig machte er darauf aufmerksam, dass ein marktwirtschaftliches System das Ungleichgewicht nicht von allein korrigieren kann, sondern Eingriffe nötig sind. Keynes setzt sich für steuerndes Eingreifen des Staates in die Marktwirtschaft ein, damit ein grosser Teil der Bevölkerung vom erarbeiteten Wohlstand profitieren und der Beschäftigungsgrad möglichst hochgehalten werden kann (Vollbeschäftigung).[38]

Gemäss dem Wirtschaftskreislauf fliessen die Lohnzahlungen von den Produzenten zu den Konsumenten und dann zur Begleichung der bezogenen Produkte, welche die Endverbraucher kaufen, zurück zu den Unternehmen. Die Theorie von Keynes besagt, dass die Nachfrage massgebend für die Produktion ist und damit auch für die Höhe des BIPs. So lautet Keynes Theorie, dass das Angebot nicht die Nachfrage bestimmt, sondern die Nachfrage das Angebot. Zusätzlich hat Keynes festgehalten, dass eine unzureichende Investitionstätigkeit sich nicht auf das Zinsniveau, sondern auf die schlechten Ertragserwartungen zurückführen lässt. Auch wenn der Zinssatz auf null sinken würde, wären die Unternehmen nicht bereit zu investieren. Diese Situation hat Keynes als Investitionsfalle bezeichnet. Eine weitere Begründung hat

---

[36] Vgl. Mankiw / Taylor (2016), S.729
[37] Vgl. Eisenhut (2016), S. 191
[38] Vgl. Koch / Schenk / Schanz (2020), S. 58

Keynes mit der Liquiditätsfalle aufgestellt. Die Liquiditätsfalle tritt ein, wenn das durch die Bank zusätzlich bereitgestellte Geld nicht zur Nachfrage nach Produkten und Gütern eingesetzt wird, sondern einfach «flüssig» bleibt.[39]

Des Weiteren interpretiert die keynesianische Wirtschaftstheorie die Arbeitslosigkeit als Folge von mangelnder Nachfrage auf den Gütermärkten. Gemäss diesem Verständnis sind Saläre nicht nur Kosten, sondern auch Einkommen. Kürzt man die Saläre, verursacht man nach der Auffassung von Keynes auch eine Reduktion der realen Kaufkraft. Geht man davon aus, dass bei allen Arbeitnehmern eine Lohnreduktion stattfindet und ein tieferes Salär ausbezahlt wird, sinkt die allgemeine Nachfrage nach Konsumgütern. Kann der Konsumrückgang nicht durch Investitionstätigkeiten, Exporte oder anhand Staatsnachfragen kompensiert werden, kommt es zu einem Rückgang der Nachfrage, welcher weitere Auswirkungen auf die Preise, Zinssätze, Investitionen, Arbeitslosigkeit und das BIP nach sich zieht. Deflationäre Folgen bei einer Rezession sind nicht auszuschliessen.[40]

Obwohl die Überlegungen von Keynes durchaus logisch erscheinen, ergeben sich in den Umsetzungen gewisse Hürden. Einige dieser Herausforderungen werden nachfolgend erwähnt[41]:

- **Zeitverzögerungen**: Bei Konjunkturprogrammen bestehen Zeitverzögerungen, daher wirken die verabschiedeten Programme nicht rechtzeitig.
- **Politische Entscheidungen**: Steuersenkungen und Ausgabenerhöhungen lassen sich relativ einfach beschliessen. Steuererhöhungen und Ausgabensenkungen im Aufschwung sind eher schwierig.
- **Staatliche Massnahmen**: Die Massnahmen des Staates sind oft nicht zielgerichtet. Es entsteht somit die Gefahr von «Strukturerhaltungen».
- **Budget**: Entstehen keine «Budgetüberschüsse», entstehen Probleme mit der Finanzierung von Defiziten. Es entsteht ein «crowding-out-Effekt».

3.4 Klassisches vs. keynesianisches Modell

Die Hauptunterschiede der beiden Modelle werden schnell ersichtlich. Das klassische System beruht auf dem Glauben, dass die Wirtschaft selbstregulierend wirkt. Konjunkturen werden dabei als natürliche Schwankungen angesehen. Das Modell von Keynes sieht eine Notwendigkeit, dass der Staat in das Wirtschaftssystem eingreift. Im Fall des keynesianischen Systems profitieren die «einfacheren» Arbeitsklassen,

---

[39] Vgl. Eisenhut (2016), S. 104
[40] Vgl. Eisenhut (2016), S. 186
[41] Vgl. Eisenhut (2016), S. 108

während «profitable» Grossunternehmen und Vielverdiener während eines Aufschwungs oder Booms benachteiligt werden.

3.5 Funktionsweise Arbeitsmarkt in Deutschland

Die beiden bisher vorgestellten Modelle haben sich ein jahrelanges Wechselspiel geliefert. Lange bestimmte in der Bundesrepublik Deutschland die keynesianische Wirtschaftstheorie. In den 1960er- bis 1970er-Jahren wurden diverse wirtschaftspolitische Gesetze verabschiedet, welche bis heute gelten. Zurzeit ist ein klarer Abschwung auf dem Jobmarkt zu erkennen, welcher der COVID19-Pandemie angelastet werden kann. Betrachtet man hingegen die Jahre 2016 bis 2019 wird ersichtlich, dass die Arbeitslosenquote so tief wie seit über 20 Jahren nicht mehr war. Betrug die Arbeitslosenquote im Jahr 2016 noch 6.1%, sank sie im Jahr 2017 auf 5.7%, betrug im Jahr 2018 noch 5.2% und im vergangenen Jahr 2019 lag sie bei 5.0%.[42]

Vernachlässigt man den Einbezug des sozialen Friedens, wäre es für die Bundesrepublik vorteilhafter, wenn die Lohnersatzquote bzw. das Arbeitslosengeld gesenkt werden würde, damit Anreize für die Aufnahme niedrig bezahlter Tätigkeiten geschaffen werden und sich die Annahme jeglicher Arbeit lohnt. Ebenfalls sollte die Situation mit dem Mindestlohn überdacht werden, da die Bedingungen auf der Arbeitgeberseite verzerrt werden. Der Mindestlohn drückt die Beschäftigungsquote, weil es Menschen gibt, welche unter dem Mindestlohn arbeiten würden, aber aus Arbeitgebersicht nicht über die notwendigen Qualifikationen verfügen.

Zusätzlich haben Arbeitnehmer die Möglichkeit, innerhalb des Europäischen Wirtschaftsraums (EWR) in andere Staaten zu gehen und die eigene Arbeitskraft dort anzubieten. Es kann davon ausgegangen werden, dass die Fachkräfte und hochqualifizierten Arbeitskräfte weiterhin überall gefragt sind. Seitens Staates wird mithilfe von inländischen Vergaberechten versucht, öffentliche Aufträge bei öffentlichen und privaten Auftragnehmern zu platzieren. Mithilfe dieser Konjunkturprogramme soll während Krisenzeiten die Wirtschaft möglichst angekurbelt und unterstützt werden.

Zusammenfassend kann gesagt werden, dass die keynesianische Wirtschaftspolitik bis heute Auswirkungen auf die gesamte Bundesrepublik hat, jedoch die Mischung der beiden Systeme für Deutschland entscheidend ist. Die Aspekte zeigen sich in verschiedenen Kombinationen mit dem klassischen System, der Neoklassik, des Merkantilismus sowie mit der fortgeführten Globalisierung.

---

[42] Vgl. Koch / Schenk / Schanz (2020), S. 34

4 Literaturverzeichnis

Altmann, J. (2001), Aussenwirtschaft für Unternehmen, 2. Aufl., Stuttgart.

Behncke, N. (2017), Das Wirtschaftssystem Planwirtschaft: Vorteile & Nachteile, Zugriff am 30.11.2020. Abgerufen unter https://thinkaboutgeny.com/planwirtschaft?cookie-state-change=1607255234477

Bergmann/Gaubitz (2020), Planwirtschaft, Zugriff am 30.11.2020. Abgerufen unter https://bwl-wissen.net/definition/planwirtschaft

Eisenhut, P. (2016), Aktuelle Volkswirtschaftslehre, Auflage 2016/17, Glarus/Chur: Somedia Buchverlag.

Koch, M. / Schenk, H. / Schanz, S. (2020), Makroökonomie, 1. Aufl., Studienbrief der SRH Fernhochschule, Riedlingen.

Kottmann D. - eEducation Net e.K. (2020), Kostenvorteile, Zugriff am 01.12.2020. Abgerufen unter https://www.fh-studiengang.de/fachwissen/kostenvorteile.html

Mankiw, G.N. / Taylor M.P. (2016), Grundzüge der Volkswirtschaftslehre, 6. Aufl., Stuttgart: Schäffer-Peoschel.

Schenk, H. / Schanz, S. / Koch, M. (2018), Mikroökonomie, 1. Aufl., Studienbrief der SRH Fernhochschule, Riedlingen.

Statista (2020). Arbeitslosenquote in Deutschland seit 1995. Zugriff am 05.12.2020. Abgerufen unter https://de.statista.com/statistik/daten/studie/1224/umfrage/arbeitslosenquote-in-deutschland-seit-1995/#professional

Wirtschaftslexikon (2016). Aussenhandel. Zugriff am 01.12.2020. Abgerufen unter daswirtschaftslexikon.com/d/außenhandel/außenhandel.html

Woeckener, B. (2013). Volkswirtschaftslehre «Eine Einführung», 1. Aufl., Berlin/Heidelberg: Springer.